– Niederlausitz – Dolna Łužyca – Sagen – powěsći –

Lutki,
Querxe und andere kleine Geister

Aus der Lausitzer Sagenwelt

Edeltraud Radochla

radochla • verlag

In dieser Reihe bereits erschienen:

Teufeleien – Teufelssagen aus der Niederlausitz, 2018
ISBN 978-3-938555-51-4

Pśezpołdnica – Die Mittagsfrau – Sagen aus der Niederlausitz, 2018
ISBN 978-3-938555-54-5

Titelbild: Figurengruppe im Heimatmuseum Dissen, hergestellt von Karin Hein, Puppenbühne Regenbogen Cottbus, Foto Radochla

Druck: Books on Demand GmbH

ISBN 978-3-938555-63-7

Inhalt

Vorbemerkungen

Haben Sie denn auch etwas über die Lutki? So wurden wir des Öfteren an unseren Verkaufsständen gefragt, wenn wir unsere Bücher und die von benachbarten regionalen Verlagen präsentierten. Vielleicht auch, weil die Kindergärten – oder „Kitas", wie sie sich heute nennen – im Spreewald sich gern als „Lutki"-Destinationen darstellen möchten. Nun ja, es gibt alle möglichen Sagensammlungen von verschiedenen Sammlern und von verschiedenen Orten. Da sind die Klassiker vom Domowina Verlag Bautzen wie auch die kleinen Broschürchen vom Regia Verlag Cottbus. Aber meistens sind die Sammlungen ortsbezogen, was dem Wanderer zu Gute kommt, wenn er unsere Heimat als Einheimischer, als Fremdling oder als Wiederkehrer durchstreift. Aber figurenbezogen, der Frage folgend: Was wollten die Alten uns damit sagen? Das war bislang seltener Gegenstand aktueller Literaturangebote. Dabei: Sammlungen gibt es inzwischen zuhauf. Unser aller größter Respekt gilt den Sammlern des 19. und 20. Jahrhunderts, als da wären Edmund Veckenstedt, Karl Haupt, Karl Gander, Wilibald von Schulenburg, Friedrich Sieber und noch vielen anderen. Sie finden Sie in den Quellenangaben. Ebenso gilt neuzeitlichen Sammlern, wie Gisela Griepentrog oder Dieter Sperling der Dank für ihre akribische Aufarbeitung unserer Sagenwelt.

In der Folge wollen wir versuchen, das Thema etwas aufzudröseln. Also hinein in die Sagenwelt!
„Ohne Sage keine Altertum, ohne Altertum keine Geschichte; jede Volksgeschichte beginnt mit Überlieferungen und an diese reiht sich die Sagenwelt an ... Sie gelten gleichsam als Hintergrund der Geschichte, allerdings nur als unverbürgte Kunde ... Die Sage ist das treue Abbild der Geistes- und Gemütsart, des Sitten- und Bildungsgrades, überhaupt des volkstümlichen Lebens in der Vorzeit ..." So fasste es der sächsische Archäologe und Museumspionier Karl Preusker in der Mitte des 19. Jahrhunderts zusammen (20, Bd. 1, S. 45)
Man möchte gleichsam meinen, die Sagen sind so etwas, wie ein Echo der Vergangenheit und wie es beim Echo gewöhnlich ist, klingt es am Ende etwas anders als der ursprüngliche Gesang.

Mit * gekennzeichnete Begriffe findet der Leser im Glossar am Ende des Buches.

Skulptur im Kur- und Sagenpark Burg (Spreewald), eigene Aufnahme

Der, die, das Lut

Ein erster großer Unterschied zu vielen anderen Sagenfiguren ist ihre Zahl. Kommen der Wassermann *Nyx* und seine Frau, die Mittagsfrau *Pśezpołdnica*, der Wirbelwind *Wichor* oder der Nachtjäger *Nozny jagaŕ* meist allein daher, sind es der kleinen Leute immer viele. Sie bilden Familien, sind ein Volk, haben oft sogar einen König, haben Sitten und Bräuche. (28, S. 35 / 5, S. 354–357) Während man annehmen kann, dass die Mittagsfrau und viele andere Einzelfiguren der Sagen sich auf alte, ganz alte – heidnische – Naturgottheiten zurückverfolgen lassen, so führt uns das Echo der Vergangenheit hier ganz offensichtlich auch zu ganz, ganz alten Völkern oder Stämmen.

Beginnen wir mit Jacob Grimm und seiner *Deutschen Mythologie*: Am weitesten verbreitet seien im deutschsprachigen Raum die wohl allen bekannten Namen *Zwerge* oder *Wichte*. In der Lausitz heißen sie *Ludki*, die Leutchen, von *lud* (Volk) althochdeutsch *liut*, böhmisch *lid*, walisisch *y teulu* (die Familie) (5, S. 804–805). In neuerer Schreibung dann auch als *Lutki*. Es gilt zu bedenken, dass Sagen vom Volksmund wiedergegeben werden. Deshalb halte ich die Übermittlung in beiden Schreibweisen für richtig, die Grimmsche mit „d“ also ebenso plausibel wie die heutige mit „t“.

Doch schon drei Dörfer hinter dem Spreewald stimmt die Grimmsche Zuordnung nicht mehr ganz, da werden es dann schon *Luttchen*, wie in Gablenz oder Bohsdorf. Im Gubener Raum leben neben den Lutki auch *Heinchen* oder *Jüdelchen* (2), in der Oberlausitz schließlich treffen wir die *Querxe*, die mit einigen dialektalen Lautverschiebungen – „qu“ „dw“ „zw“ – zu Zwergen werden. (8, S. 30 / 20, Bd. 1, S. 56) Karl Haupt entdeckt in dieser Gegend auch die sogenannten *Feensmännl*. Schulenburg wiederum findet sie unter den Namen *Unnaärdsche* oder *Twerje*. (27, S. 170 ff.) Ähnlich Ulrich Jahn in Pommern. (11, S. 57)

Manchmal verschwimmen die Bezüge zu anderen Sagengestalten, mal zu den *Błudniks*, den Irrlichtern oder den Waldweibern *Wurlawy*, am häufigsten zu den Kobolden, die ja ebenfalls sehr klein sind. Aber wir möchten diese hier nicht zu den Lutki zählen, da sie oft andere Streiche im Sinn haben und eher mit dem Gelddrachen *Plon* oder dem Albdruck der *Muraua* in Verbindung gebracht werden müssen. So ähnlich sieht es auch Ulrich Jahn. (11, S. 58)

Unsere Lutki sind ein Völkchen, also immer viele, mindestens zwei. Da ist es dann fast wie mit dem lautverwandten deutschen *Leute*, von dem es keine Einzahl gibt. Auch die sorbische Einzahl *lutk* ist selten und eher ungewöhnlich. Aber was soll man machen, wenn dann doch eines dieser Menschlein allein daher kommt?

Die Vorherschen

Das Volk, welches in alten Zeiten den Spreewald bewohnt hat, seien die Lutki gewesen. (35, XVII, Nr. 41) Die Wenden sagen, die Luttchen waren die ersten Wesen hier, die Eingeborenen; es gebe Hauslutki und Feldlutki. (31, S. 27 ff.) Sie werden auch als die *kleinen Heiden* bezeichnet, und man sei geneigt, in diesen die verdrängte heidnische Bevölkerung zu erkennen. (2, S. 153–156) Bei Ausgrabungen, auch bei einfachem Graben nach Sand und Lehm oder beim Pflügen auf dem Feld hat man in unserer Gegend schon reichlich Gelegenheit, eine Vielzahl von Schätzen in Form von Tonscherben zu finden. Man fand auch Urnen mit Knochen und kleinere Töpfchen. Es hieß, das seien die Tränennäpfchen der Lutki und je mehr man davon fand, desto mehr habe man wohl um den Toten geweint. Schulenburg schreibt: „Die Tränennäpfchen *sylsowe nópki, ludowe nópki* … sind von den ‚Vor'schen', *te peřejše*, den „vorherschen" Heiden, *póhany*." (25, S. 255 – Schreibung wie Autor)

Das Echo der Vergangenheit ruft uns in eine Zeit zurück, in der hier ein anderes Volk gelebt haben muss. Nur eins? Schauen wir nach.

„Ein mehr historisches Reich der Sage bildet sich durch Erinnerung an die Großtaten einzelner Helden wie ganzer Nationen, … je weiter sie von dem Erzähler in Raum und Zeit entfernt waren …", heißt es bei Preusker. „Menschen mit hoher Geistes- und Körperkraft gestalten sich in jener Ferne nicht selten zu Göttern und Riesen, dagegen die Überreste verdrängter Völker zu Zwergen, nur in einsamen Gebirgen und Wäldern noch Schutz findend … Besiegte und unterdrückte Nationen werden, im Vergleich zu den Herrschern, gewöhnlich von kleiner Figur, ängstlichen und furchtsamen Charakters gedacht, und schrumpfen nach und nach zu Zwergen zusammen, je weiter die Sage sich in neuere Zeiten fortpflanzt." (20, Bd 1, S. 45–54) In die mündliche Überlieferung fließt zudem noch der tiefe verwurzelte Glaube der Erzähler an die mystische Welt der Wald- und Feldgeister ein.

Jacob Grimm fasste das Wesen der kleinen Gestalten trefflich zusammen: Es „heißen die Zwerge auch Erdmännlein, Erdmannecken … alle solchen Überlieferungen stimmen überein. In die Ritzen und Spalten der Berg schlüpfend … scheinen sie plötzlich zu verschwinden, und ebenso plötzlich … kommen sie aus dem Erdboden hervor; überall, wo sie hausen, zeigt man solche Zwergslöcher, Querlichslöcher, auch die lausitzischen Ludki kommen aus unterirdischen Gängen, wie Mauselöchern, zum Vorschein … in diesen Höhlen treiben sie ihr Wesen, sammeln Schätze und schmieden köstliche Waffen, ihre Könige bauen sich prächtige Gemächer unter der Erde aus, Elberich, Laurin wohnen in solchen wunderbaren Bergen, Menschen und Helden werden zuweilen hinunter gelockt, begabt, entlassen oder festgehalten." Sie heißen auch das stille Volk, die friedlichen Leute. „Bleiben sie in ihrem stillen Treiben ungestört, so halten sie Friede mit den Menschen, und erweisen ihnen, wo sie können, Dienste durch Schmieden, Weben und Backen. Oft haben sie den Leuten von ihrem neubackenen Brot oder Kuchen mitgeteilt ... Sie bedürfen auch ihrerseits des Rates und Beistandes der Menschen in gewisser Lage; dahin sind besonders drei Fälle zu rechnen. Einmal holen sie Frauen und Hebammen, um kreißenden Zwerginnen Hilfe zu gewähren, dann verständige Männer zur Teilung eines Schatzes, zur Schlichtung eines Streits, drittens leihen sie einen Saal für ihre Hochzeit; immer aber belohnen sie durch geschenkte Kleinode, die dem Haus und den Nachkommen des Menschen Glück bringen. Ihnen selbst wohnt mancherlei Kenntnis verborgener Heilkräfte der Pflanzen und Steine bei." Sie „machen den Eindruck eines unterdrückten, bedrängten Volksstamms, der im Begriff steht, die alte Heimat den neuen mächtigeren Ankömmlingen zu überlassen." (5, S. 810–815) Diese Charakteristik schreibt Grimm aber nicht nur den Lausitzer Lutki allein zu.

Übereinstimmend wird erzählt, dass die Lutki fortgezogen sind. Als Grund wird meist genannt, weil sie den lauten Klang der neuen Kirchenglocken nicht vertragen haben sollen. Hier scheint das Echo der Vergangenheit an einigen Ecken der Geschichte angestoßen zu sein und hat davon etwas mitgenommen, denn schon Preusker relativiert, dass es sich wohl eher um die früheren kleinen Messglöckchen gehandelt habe müsse, als um die späteren teureren großen Turmglocken. Er vermutet weiter eine Vermischung von Sagenelementen und dass die Auszugsgeschichte „ursprünglich hierbei ... auch zwei heidnischen Nationen" gegolten haben könnte. (20, Bd. 1, S. 42)

Die Flucht der Lutki

Noch spannender wird die Episode, die Karl Gander in Stargard/Gubiński aufgegriffen hat: Im sogenannten *Katzenhebbel* sollen *Heinchen* gewohnt haben. Ein alter Mann von dort hat erzählt, sein Vater habe bei dem Hügel sehr viel „kleine Männchen" gesehen. Nachher wären dort viele Schafe gehütet worden, infolge dessen hätten sich die Heinchen verloren, weil sie das Glockengeläut nicht vertragen konnten. (2, Nr. 103)

Hier waren es also nur die Glöckchen einer Schafherde ...

Schauen wir, ob unser Sagenschatz etwas mehr über diese Auswanderer erhellt.

Wo sind die Luttchen hin?

Die erste Frage ist, wohin sind sie gewandert? Nach Westen oder nach Osten?

Bei Ostritz an der Oberlausitzer Neiße hatten die *Feensmännl/Veensmännl* immer eine Braupfanne dabei. Als sie wegzogen, zogen sie von Ost nach West durch die Altstadt. (8, Nr. 35 / 20 Bd. 1, S. 41 / 30, S. 69). Ihre Häupter hatten sie mit Melkgelten* bedeckt. Preusker vermutet weiter: „An Geister ist jedoch, der allgemeinen Annahme nach, bei der Feensmännl-Sage nicht zu denken. Alles deutet mehr auf den heidnischen Gottesdienst einer Nation, die von den Ostritzer Bewohnern (vielleicht Wenden oder Böhmen ...) verschieden war und wobei der Opferkessel, wie überhaupt bei dem germanischen und keltischen Opferdienste eine große Rolle spielte. Es deutet ferner auf den Abzug der heidnischen Priesterschaft aus der Gegend und ... anderer Überreste ihrer Nation ..." Und schließlich: „... wie die Bedeutung der nicht ohne besondere Ursache erwähnten eigentümlichen Kopfbedeckung der Priester oder auch der weggezogenen Nation [zu erklären ist], bleibt noch die Frage. Doch scheint es, dass ... wohl weniger an eine slawische, als germanische Nation zu denken sein möchte; die vielen Braupfannen-Sagen deuten klar auf Opferkessel." (20, Bd. 1, S. 42 / 15, Nr. 438)

Der Auszug von Ost nach West lässt ein Echo der Völkerwanderung vermuten, als die germanischen Stämme – Sueben, Semnonen, Vandalen, Burgunden – nach dem Untergang des Römischen Reiches von Weichsel, Oder, Neiße und Spree nach Südwesten Richtung Rhein wegzogen. Aber wahrscheinlich war es nicht anders als heute. Da sind die Jungen, Kräftigen, Gesunden, Tatendurstige weggezogen – die Alten, Schwachen und Kinder blieben zurück. So vermutet es Paul Fahlisch in seiner Lübbenauer Chronik: „Einwohner Lübbenaus und der Umgebung waren seit der Völkerwanderung ... wendischen oder slawischen Stammes ... Die Deutschen, Semnonen und Vandalen, waren ausgewandert ... Nur die ... Greise und kleinen Kinder waren zurück geblieben, da der Stamm zurückzukehren beabsichtigte. Diese Reste der Deutschen wurden Luttchen (kleine Leute) genannt. Sie wurden von den Wenden in öde, unfruchtbare Plätze vertrieben." (1, S. 80). Bei Greifswald sind die Zwerge aus Pommern weggegangen „in das gebirgige Land." Aber keiner weiß mehr, wann das war. (11, Nr. 81)

Als die slawischen Stämme etwa um das 8. Jahrhundert in unsere Gegend kamen, trafen sie eventuell auf Reste der alten germanischen Siedler? Wissenschaftlich belegt ist diese Vermutung bisher allerdings nicht. Vielleicht waren es auch Handelsreisende, die schon in jener Zeit quer durch Europa zogen, welche die Kunde von den *Vorherschen* weitererzählten und phantasievoll ausschmückten. Von einem regen Fernhandel jedenfalls zeugen viele Ausgrabungsfunde.

Ganz anders das Echo aus weiter westlichen Gebieten. In meiner ostthüringischen Heimat um Gera wimmelt es nur so von „-itz"-Orten: Thränitz, Naulitz, Liebschwitz, Debschwitz ... – Siedlungen slawischen Ursprungs, waren die slawischen Stämme nach ihrem Einzug doch bis an Elbe und Saale vorgedrungen. In Gera-Langenberg war es, als der Zwergenkönig *Coryllis* einen Fischer bat, das Zwergenvolk mit seinem Kahn über die Weiße Elster zu setzen. Er möge nur seinen Hut vorn in den Kahn legen. Der Fischer hörte das Trippeln und Trappeln, das Klimpern im Hut, sah aber nichts, nur dass der Kahn immer tiefer im Wasser lag. Am anderen Ufer angelangt, begann das Trippeln und Trappeln erneut und als der Morgen graute, sah der Fischer einen endlos langen Zug der Zwerge traurig davon ziehen, über den Roschützer Berg sollen sie gezogen sein, andere über Bieblach, Aga und Hain. (28, S. 37) – Das war von West nach Ost.

Auch Karl Preusker ist auf ähnliche Sagen gestoßen: „So betreffen die im Harz, in Thüringen, im reuss[ischen]* Vogtland beschriebenen Sagen vom Wegziehen der Zwerge unbezweifelt die letzten Bewohner wendischer Kolonien, deren Begründer erst zugelassen wurden, um wüste Plätze zu kultivieren, bis später, nach steigender Bevölkerung der Deutschen, die wendischen Einwohner so gedrängt und unterdrückt wurden, dass sie sich verbergen oder weggehen mussten. Die ... erwähnte Sage vom Wegzug der Zwerge aus der Gegend um Wendenhausen am Harz scheint dies recht klar zu erweisen, wo wohl unbedenklich die Wegziehenden als Wenden anzunehmen sind." (20, Bd. 1, S. 54)

Hier kommen wir unzweifelhaft in die Zeit der fränkischen und sächsischen Ostexpansion des deutschen Reiches, während der unter Heinrich dem Vogler, seinem Sohn Otto I. und Nachfolgern im 10. Jahrhundert beginnend die Brandenburg erobert, Obodriten, Ukranen, Heveller und die Lausitzer Stämme tributpflichtig gemacht und die Christianisierung der Gebiete östlich der Elbe vorangetrieben wurden. So zogen sich die slawischen Stämme, darunter auch die Sorben, wieder zurück bis in das Gebiet der Lausitz, wo sie sich dann über Jahrhunderte hielten und der Assimilation deutscher Siedler lange trotzten, bis die industrielle Revolution auch die Lausitz erreichte – und damit eine Binnenmigration auslöste, die alle bisherigen sozialen Strukturen und Bindungen in der zweiten Hälfte des 19. Jahrhunderts zu zerstören begann.

In seiner Anmerkung 3 zur Sage von den hilfsbereiten Heinchen von Nieda vermerkt Karl Haupt: „Die Sage gedenkt der Heinchen mit einer gewissen großmüthigen Wehmuth und vergillt so gewissermaßen im Munde unserer friedlichen Bauern, was die blutige Mission deutscher Krieger zur Zeit der Ottonen an den Heiden der Lausitz verschuldet hat." (8, Nr. 42, S. 44)

Diese komische andere Sprache

Ganz typisch sei diese komische Sprache der Lutki, in der sie alles verneinten. Sie borgten einen Nicht-Backtrog und brachten ein Nicht-Brot zurück. Was steckt dahinter?

Aus Branitz berichtete Veckenstedt: „Die Ludki, welche in der *Ludkowna* bei Branitz wohnten, haben ihre Sprache für sich gehabt. Man hat dieselbe nur mit Mühe verstehen können. Wendisch haben sie zwar gesprochen, aber sie sagten jeden Satz rückwärts oder brachten die Worte in verkehrter Ordnung vor." (35, XVII, Nr. 13)

In Berge bei Forst erzählte man, die Sprache der Ludki sei ähnlich der gewesen, welche man von Kindern hört. Sie sagen zum Beispiel nicht: „Wir können kein Brot backen", sondern „Brot backen nicht". (35, XVII, Nr. 47)

Wie radebrechen wir Deutschen heute, wenn wir ins Ausland reisen? Sagen da die Einheimischen vielleicht auch: ‚Man hat sie nur mit Mühe verstanden. Sie haben zwar französisch gesprochen, aber sie brachten die Wörter meist in verkehrter Ordnung heraus.' Ja schlimmer noch: Manch einer meint, bei sich zu Hause im Gespräch mit einem Ausländer auch gleich radebrechen zu müssen. Peinlich, wenn der Fremde dann in sauberem Hochdeutsch antwortet.

In Dissen bei Cottbus hat man scheinbar genauer hingehört. Dort erzählte man: Die Lutki setzten, wenn sie mit den Menschen sprachen, vor das Hauptwort stets die Silbe „ne", das heißt „un-„ oder „nicht". Auch in Weißagk bei Forst hat man das so herausgehört (35, XVII, Nr. 15 und 46 / 4, Nr. 305) Daraus wird dann „ne-Brot" oder „ne-Backtrog". Vielleicht war es aber auch nur das mundartlich verschluckte „ein"? – „Könnt ihr uns 'nen Backtrog borgen? Wir bringen euch auch 'n Brot oder 'ne Semmel zurück." – Da es in den slawischen Sprachen keine Artikel gibt, mutete dann vielleicht der verschluckte Rest eines Artikels wie ein „nje", also „nicht" an.

Es ist ja auch bemerkenswert, dass diese „merkwürdige" Sprache nur dort im Gedächtnis des Echos verblieben ist, wo die slawischen Bewohner von den *Vorherschen* erzählen.

Kann es so gewesen sein? Nu, nu, meint der Sachse. – Vergessen wir aber nicht: Wir haben das Echo aus einer Zeit, in der althochdeutsch und mittelhochdeutsch gesprochen wurde. Und auch die slawischen Sprachen waren da noch nicht jene von heute. Da hilft auch kein Blick ins Wörterbuch.

Wir werden es nicht restlos aufklären können. Lassen wir es einfach als Hypothese stehen.

Die borgten immer Backtröge und Butterfässer bei den Menschen

Man erzählt, die Lutki hatten ihre Wohnungen vorzugsweise in Bergen und Hügeln, worin sich auch noch viele Urnen finden lassen. Deshalb gibt es in der Niederlausitz mehrere solcher Erhebungen, die die Einheimischen *ludkowa góra* (Ludkenberg) oder *ludkowa górka* (Ludkenhügel) nennen. Sie borgten von den Menschenkindern gern und öfters Schüsseln, Teller, Löffel, Tiegel, Milchnäpfe, Butterfässer und dergleichen und brachten sie selten leer zurück, sondern meistens mit Geschenken versehen. (9, S. 268 / 13, S. 5) In Burg lag der *ludkowa góra* „östlich der Fabrik" am alten Weg. Das ist vom heutigen Hotel Leineweber bis zur Hauptstraße. Die Erde wurde später zum Wegebau abgetragen. Schwela berichtet dort von vorgeschichtlichen Silberfunden. (29, S. 8) Zwischen dem späteren Kirchhof und der Mühlenspree, auf der *Babeńza*, will man ihre Spuren gefunden haben. Auch auf der *Willischza* bei Burg haben sie gewohnt. (35, XVII, Nr. 11 / 26, S. 149) Bei Byhleguhre wohnten sie in einem Berg aus weißem Sand. Dort fand man eine Menge kleiner Krüge, Tränennäpfchen, Gefäße mit Henkelchen und Deckeln. Darin waren Knochen. (35, XVII, Nr. 51) Auch bei Limberg fanden die Leute beim Graben auf dem *ludkowe pólo* (Lutchenfeld) Töpfchen aus Lehm. (29, S. 53) Der Gemeindevorsteher Harnat aus Sergen erzählte 1896 Gotthold Schwela von der Eisgrube am Gablenzer Weg: „Do hat man Teppchen von die Lutki gefunden." (29, S. 279) In Pulsberg dörrten die Lutki ihre Gefäße, welche aus einer Mischung von Ton und Lehm bestanden, an der Sonne. (35, XVII, Nr. 27) Von den „kleinen Leuten" im „alten Dorf" bei Kaden (Luckau) erzählt man, dass sie immer Butterfässer borgen kamen, weil sie nichts aus Holz machen konnten. Sie machten alles aus Ton und wenn es zerbrach, gruben sie die Scherben ein. (21, S. 40 f.)

Und so füllen die Scherben unserer *Vorherschen*, ebenso wie ihre Schätze aus Metall, Stein und Glas heute die archäologischen Sammlungen gut sortierter Museen und Ausstellungen, ob in der modern rekonstruierten Slawenburg in Raddusch, im Niederlausitz-Museum in Luckau oder im Archäologischen Landesmuseum in Brandenburg, um nur einige zu nennen. – Hier nähern wir uns einem Dilemma bei der Suche nach den Siedlungsspuren der alten germanischen und slawischen Stämme, wie es zum Beispiel auch bei den Ausgrabungen im Zuge der Spreeauen-Renaturierung zwischen Maiberg und Fehrow zum Vorschein kam: Alles Hölzerne, selbst Hütten und Häuser hat sich die Natur zurückgeholt, sodass nur die Rekonstruktion aus Fundamentresten, Feuerstellen und Ähnlichem möglich ist. So sind die Grubenhäuser im Freilichtmuseum „Stary lud" in Dissen

Lutki tragen eine Backmulde

auch nur eine Rekonstruktion, wie sie vermutlich ausgesehen haben könnten.[1]

Aber das Echo der Vergangenheit hat kein Archäologie-Studium durchlaufen. Und wie sollten denn sonst die Krüge und Scherben gedeutet werden, die bei Feldarbeiten oder beim Bau eines neuen Hauses oder Brunnens zum Vorschein kamen: Holz war da nicht. Das war alles nur aus Ton. Ergo: Die konnten nichts aus Holz machen! Also haben sie sich die hölzernen Gefäße bei den Menschen geborgt. Ist doch logisch, oder?

Natürlich machten sich die Menschen auch Gedanken, wie die kleinen Lutki den großen Backtrog oder das große Butterfass davongetragen haben könnten. In Ruben sollen sie immer zu viert oder zu fünft gekommen sein. Erhielten sie das Gewünschte, setzten sie sich hinein und dann rollte das Backfass wie von selbst aus dem Dorf. So soll es sich auch nebenan in Guhrow zugetragen haben. (35, XVII, Nr. 7, 23) Zu einer Frau in Strega/Strzegów kamen sechs Heinzelmännchen und sagten: „Borgt uns doch mal eure Back-Backtöse."* Als sie selbige erhalten hatten, nahmen sie diese auf die Schultern: vorn zwei, in der Mitte zwei und hinten zwei. (2, Nr. 110) Als typisch wird sonst berichtet, dass die Lutki immer hintereinander gingen, wenn sie etwas trugen, nicht nebeneinander. Wahrscheinlich war der Backtrog in Strega besonders groß.

Die Lutki hatten sehr große Angst vor Hunden, die nannten sie *wušćerack*. (25, S. 257 – Schreibung wie Autor) In Laasow gingen sie immer zum Bäcker einen Backtrog borgen. Doch eines Abends wollte ihn der Bäcker nicht wie sonst heraustragen, sondern rief, sie mögen nur hereinkommen und ihn selber holen. Da riefen die Lutki: „Wir können nicht, der Hund liegt auf dem Boden!" (35, XVII, Nr. 33 / 4, Nr. 399 / 24, S. 35) In Boblitz gingen sie nur zu Hanuschka borgen, weil der keinen Hund hatte. (31, S. 28)

Aber die Lutki waren ein gutmütiges und hilfsbereites Völkchen. Sie borgten nichts ohne Gegenleistung und da waren sie nicht knauserig. Wer ihnen borgte,

1 Es gibt natürlich Ausnahmen. Wilibald v. Schulenburg zum Beispiel berichtet von einem Holzgefäß, das er bei Ausgrabungen im Moor bei Repten gefunden hat. Wasser hat Holz vor dem Verfall geschützt. Doch das sind bei uns sehr wenige Ausnahmen. Mehr sieht man im polnischen Biskupin oder in Schleswig unter den Funden aus Mooren und Seen.

wurde auch belohnt. Wer ihnen ihren Wunsch aber abschlug, dem konnten sie auch schon mal übel mitspielen. Meist lag in dem zurückgebrachten Backtrog ein Brot oder ein Brötchen. In Strega waren es drei runde Kuchen, die so dünn waren wie Plinze. Über die Qualität des Backwerkes gingen die Meinungen weit auseinander. In Weißagk, vermutlich das bei Forst, hieß es, dass das Gebäck immer sehr sandig gewesen sei. (35, XVII, Nr. 46) In Dissen fand man das Brot so sandig, dass man es nicht genießen konnte. Dort fand man auch eine Erklärung dafür: Die Lutki mahlten das Getreide nicht, sondern zerschlugen es nur mit Steinen. Und dann backten sie den Teig nicht im Ofen, sondern legten ihn zwischen zwei glatte Steine, die sie vergruben, sodass der Teig durch das Zusammenpressen gebacken wurde. Da waren die Lutki im benachbarten Ströbitz wohl schon anders drauf. Dort droschen sie – immer ihrer neun, weil sie so klein waren – das Getreide gleich in einem Backofen. (35, XVII, Nr. 1) Karl Haupt schloss sogar, dass die Zwerge Meister im Backen gewesen sein müssen, da Kuchen und Brot in den Sagen eine so große Rolle gespielt haben. (8, Nr. 38)

In Gablenz und anderswo borgten sie auch Butterfässer: *„My comy měć waš ńebuterbas, my b'dźomy wam našeje ńebutřanki dać.* / Wir wollen euer Nichtbutterfass haben, wir werden euch unsere Nichtbuttermilch geben." (25, S. 257 – Schreibung wie Autor) „Sie haben Butter gemacht, müssen also doch Vieh gehabt haben", schließt Schulenburg an anderer Stelle. (26, S. 150)

Kuchen und Buttermilch spielen auch bei den Geschenken eine große Rolle, die den Bauern vielerorts auf dem Feld dargebracht wurden. Doch dazu später.

Die verschmutzte Braupfanne

In der Oberlausitz ging die Borgerei anders herum. Aus Weißenberg und aus Ostritz erzählte man, dass die Neuansiedler Bier brauen wollten, aber keine Braupfanne besaßen. Doch die *Bergmännl* im Stromberg bei Weißenberg, die dort den Schatz hüteten, hatten einen langen eisernen Kasten und eine kupferne Braupfanne. Auch die *Veensmännl* im Veensberg bei Ostritz an der Neiße besaßen eine solche Pfanne.

Die Menschen überwanden ihre Furcht vor den Berggeistern und gingen fragen, ob sie die Braupfanne borgen dürften. Die Bergmännl sagten, sie mögen bei Sonnenaufgang mit einem Wagen unten am Berg sein, da würden sie die Braupfanne erhalten. Aber die Menschen sollten bei der Rückgabe ein Weizenbrot und eine Silbermünze hineinlegen. In Ostritz verlangten die Veensmännl nur eine Semmel. Die Ostritzer sollten die Pfanne immer auf den Steg legen, der über die Neiße führte.

So geschah es lange Zeit und alle waren zufrieden. Die Weißenberger brachten die Pfanne mit Brot und Münze zurück zum Berg, die Ostritzer die ihre mit der Semmel zurück zur Neiße.

Doch eines Tages kam es anders. Die Bergmännl kamen zornig aus dem Berg heraus, warfen Steine nach den Abgesandte und töteten die Stiere, welche den Wagen ziehen sollten. Was war geschehen? Ein unnützer und böser Mensch hatte das Weizenbrot herausgenommen und gegessen, das Silberstück in die Tasche gesteckt und die Braupfanne verunreinigt. So war es auch in Ostritz geschehen und fortan war die Freundschaft zwischen den Menschen und den Berggeistern vorbei. Sie verbargen sich in ihrem Berg, und als die Glocken kamen, zogen sie davon. (8, Nr. 33 und 35)

Ein fröhliches Völkchen

Langsam treibt uns nun die Frage um: Was waren das für Völkchen, diese *Lutki*, *Querxe*, *Veensmännl*? Wie sahen sie aus, wie waren sie gekleidet, wie lebten sie, was waren ihre Vorlieben? Was mochten sie gleich gar nicht?

In der Nähe von Hoyerswerda waren die Lutki kleine Leute, ihre Nasen berührte gerade die Tischkante; sie hatten lange Bärte und waren sehr alt aber flink wie junge Burschen. Auf dem Kopf trugen sie verschiedenfarbige Mützen mit Pelzbesatz. Ihre Röcke waren knielang, streng auf Taille gearbeitet und mit einer Schärpe zusammengehalten ... An der Farbe ihrer Mützen konnte man ihre Stammeszugehörigkeit erkennen: Die Lutki um Schwarzkollm hatten schwarze, die um Bergen rote, die um Weißkollm weiße, die um Burghammer und Neustadt blaue und die am Besdangteich grüne Mützen. (17, S. 19)

An anderer Stelle erfahren wir, dass sie groß wie eine Kleiderbürste oder wie ein Finger waren. Wieder andere vergleichen sie mit ein- zwei- oder vierjährigen Kindern. Wenn erzählt wird, dass sie die Wohnungen der Menschen durch ein Mauseloch betreten haben, muss es also auch noch kleinere Lutki gegeben haben. Da hat das Echo der Vergangenheit schon ziemlich gestreut.

Oft wird ihre Kleidung als dunkel oder grau geschildert, meistens wird ein knielanges Kittelchen und ein Zipfelmützchen erwähnt. Dort, wo man rote Mützchen gesehen haben will, hat man wahrscheinlich gerade den Zwergenkönig vor sich gehabt, denn Rot war zu jener Zeit eine ausschließlich royale Farbe, weil ihre Herstellung besonders kompliziert war. Nicht zu vergessen das ganz besondere Mützchen aller Zwergenvölker: die Tarnkappe. Auch Stiefel wurden erwähnt. In Pulsberg waren sie aus Leinwand gefertigt, die Sohlen aus mehrfach übereinander gelegter Leinwand. Sie sollen bis ans Knie gereicht haben, und andere erzählen, sie seien aus Katzenfell gewesen. (35, XVII, Nr. 8 / 4, Nr. 186) In Bomsdorf waren es drei kleine Männer mit Schnallenschuhen, langen Strümpfen, kurzen Samthosen und spitzen Hüten, die dem Wanderer über die Füße und über die Karre sprangen. (17, S. 11) Aber vielleicht waren das gar keine Lutki ...

Lutki mit Quirl zum Teigrühren

Dass sie Brot und Kuchen backen und Milch verarbeiten konnten, haben wir schon erfahren. Darüber hinaus sollen sie sich von Kräutern, Wurzeln und wildem Obst ernährt haben. (10) Bezogen auf entsprechende Grabungsfunde meinte Schulenburg: „In den ‚Dingern' mit einer Querwand hatten sie auf der einen Seite Knödel und auf der anderen Seite Schlippermilch."* (26, S. 150) Hatte man etwas zu feiern, eine Hochzeit, eine Kindtaufe, dann gab es einen großen Schmaus, es wurde fröhlich musiziert und getanzt. Die Spielleute spielten eine Art Hackbrett oder Zymbal* mit Tangenten.

In Vetschau wurde die Köchin eines Kaufmanns zu den Lutki als Taufpatin gerufen. Sie wurde durch den Keller geführt, und plötzlich stand die Köchin in einem erleuchteten Raum, den sie zuvor noch nie gesehen hatte. Sie sah lauter kleine Gestalten und in einem Himmelbettchen ein ganz kleines Kind. Da erscholl auf einmal eine wunderschöne Musik. Die Lutki brachten der Köchin zu essen und zu trinken. Dann legten sie ihr das Kindchen in den Schoß. Nun begann ein Fest, wie es die Köchin noch nie gesehen hatte. Zuletzt kam ein alter Lutk und legte der Köchin zwei Goldstücke in ihr Körbchen. Dann kam der Lutk, der sie geholt hatte und brachte sie zurück bis an die Kellertür. (35, XVII, Nr. 65)

Die Ludki verlegten ihre Feiern gern des Nachts in die Häuser der Menschen. In Gollschow bei Drebkau brachten sie ihre Musikanten und ihre Speisen mit. Was davon übrig blieb, hatte sich am Morgen in Gold verwandelt. (35, XVII, Nr. 25) Sie bevorzugten dabei besonders gern die Stube einer Wöchnerin, die sie zum Dank mit Geschenken bedachten. So erzählt zum Beispiel Karl Gander: „Frau von Bünau lag während der Wochen ganz allein in der Stube. Da sprang die Tür auf und ein ‚ganz kleines Männchen' kam zu der Frau ans Bett und fragte, ob sie erlauben wolle, dass es mit den Seinen hier in der Stube dürfe Hochzeit abhalten; sie würden nicht viel Spektakel machen und wenig Raum in Anspruch nehmen;

sie wollten zufrieden sein, wenn sie sich bloß unter dem Ofen aufhalten könnten … ‚Ja, ja', sagte die Frau. Darauf zogen sie mit Musikanten, mit dem Brautpaar und den Hochzeitsgästen in die Stube und aßen, tranken und tanzten unter dem Ofen." Zum Dank gab das kleine Männchen der Frau nach der Feier drei Brötchen und sagte: „Solange die Brötchen in dieser Familie bleiben, wird es ihr gut gehen." Die drei Brötchen wurden in den Turm des Schlosses eingemauert und es ging der Familie viele hundert Jahre gut – bis eine Feuersbrunst den Turm vernichtete. (2, Nr. 121) Gleiches erzählte man von den Querxen in der Oberlausitz. Hier kamen alle mit Tischen, Stühlen, Schüsseln und Tellern zur Wochenstube herein, sangen und tanzten und zum Schluss gab es hier einen goldenen Ring, einen silbernen Becher und ein Weizenbrötchen zum Geschenk für die Wöchnerin. Den Ring sollte immer die Frau des Ältesten tragen und weitergeben. So lebten sie lange, lange gut, bis eine der Damen eines Tages den Ring verlor. Auch da ging es mit der Familie bergab. (8, Nr. 27 / 20, Bd. 1, S. 57) Karl Haupt merkt dazu an, dass diese „Ring"-Sage in nordwestdeutschen Adelshäusern weit verbreitet gewesen sei und gern auch als Begründung für den Untergang des Hauses benutzt wurde. Die Zusammenstellung der Geschenke habe einen Bezug zu Ehe, Fruchtbarkeit und Geburtserleichterung.

Aber die Lutki feierten nicht nur in den Stuben der Menschen. Ihre Querx-Verwandten trafen sich zwischen Gaußig und Neukirch auf einer Waldlichtung; die einen sagen, in der Johannisnacht, die anderen wollen sie in der Bartholomäusnacht dort gesehen haben. Jedenfalls im Sommer. Aus dem Nebel kamen sie hervor, Männlein und Weiblein, Greise und Kinder, Paar für Paar. Aus den Büschen kamen Spielleute hervor und machten Musik. Dann kam das Brautpaar. Nachdem alle dreimal um die Lichtung geschritten waren, begab man sich zur Tafel und das Mahl begann. Danach tanzte man ausgiebig, bis alles im Morgennebel verschwand. (8, Nr. 26, 43 / 31, S. 29–30 / 15, Nr. 432)

Die Lutki hatten auch einen König. In Burg und Straupitz erzählte man von ihnen, sie seien nicht groß und nicht klein gewesen aber untersetzt und vierkantig. Sie seien in allen Künsten bewandert gewesen, kamen jedoch nur selten an die Oberwelt. Ihr König aber bewohnte ein Schloss, welches auf dem Schlossberg bei Burg gestanden habe. Von dort aus machte er Streifzüge weit ins Land hinein. Oft ging er nach Burg. Deshalb hatte er sich dorthin eine Brücke bauen lassen, die ganz aus Sohlenleder gefertigt war. Wenn er darüber schritt, so rollte sie sich von selbst hinter ihm wieder auf. (35, XVII, Nr. 41; 4, Nr. 372)

Solches erzählt man sich auch vom Wendenkönig.

Verzauberte Geschenke

Es war schon herauszulesen, dass die Geschenke der Lutki immer etwas Magisches, Geheimnisvolles, Unerwartetes verbargen. So wie die eben erwähnten Semmeln, Ringe und Becher als Glücksbringer erschienen, so erwiesen sich andere wiederum als Strafe für Überheblichkeit oder Unachtsamkeit und wieder andere als Lohn für Fleiß, Mühe und Rücksichtnahme.

Ein Bauer pflügte auf dem Lutkiberg bei Reichersdorf (Grabice/Gubin). Er ließ den Pflug etwas tief gehen. Da stand plötzlich ein Lutk, ein kleiner, kaum einen Fuß hoher Mann vor ihm. Er hatte einen langen grauen Bart und sprach zu dem erstaunten Bauern: „Lieber Mann, lass doch deinen Pflug nicht so tief gehen. Du zerstörst ja unsere Wohnungen. Wenn du nicht so tief pflügst, so erhältst du morgen dafür ein Stück Kuchen, denn wir backen gerade." Der Bauer ging auf den Wunsch ein. Als er am anderen Morgen auf das Feld kam, fand er wirklich ein Stück Kuchen. (35, XVII, Nr. 58) Auch in Coschen an der Oder und in Sachsdorf (Checiny) ließen sich die Bauern darauf ein und bekamen ein Stück Kuchen. In Horno jedoch war ein anderer Bauer nicht so rücksichtsvoll, obwohl ihm die Lutki eine Schüssel Hirse anboten, wenn er weniger tief pflügen würde. Da zogen sie traurig weg. (2, Nr. 104, 113)

Oft aber waren die Geschenke mit Aufgaben oder Rätseln verbunden. So erzählt man vielerorts die Sage vom Kuchenrand, wie zum Beispiel in Forst, Weißenberg, Trebendorf oder Tschelln. Einst pflügte hier ein Bauer auf seinem Feld in der Nähe der Lutkiwohnungen. Er hatte seit früh morgens fleißig gearbeitet. Gegen elf Uhr bemerkte er einen angenehmen Duft, wie von frischem Gebäck. Gewiss, dachte er bei sich, backen die Lutki gerade Kuchen; deshalb rief er laut: „Wenn ich doch auch einen Kuchen hätte!" Es währte nicht lange, so kam ein Lutk, brachte einen Kuchen und einen Krug. Er sprach: „Diesen Kuchen kannst du aufessen, doch muss er ganz bleiben, den Krug kannst du austrinken, berührst du ihn aber mit dem Munde, dann geht es dir schlecht." Der Bauer war ob solcher Rede ganz bestürzt; er pflügte noch einmal um den Acker. Als er aber wieder zurück an das Ende kam, fiel ihm eine Lösung ein. Er setzte sich nieder, nahm sein Messer und schnitt den Kuchen aus der Mitte heraus, den Rand jedoch ließ er ganz. Dann nahm er einen Strohhalm und trank durch diesen die Flüssigkeit im Krug, ohne denselben an den Mund zu bringen. Mit dem Schlag zwölf erschien der Lutk wieder, raffte den Kuchenrand und den Krug hinweg und rief: „Das hat dir der Teufel geraten!" Darauf lief er davon. (35, XVII, Nr. 22)

Zwei Bauern in Jämlitz bekamen von den Luttchen einen Kuchen und zwei Glas Bier. Auch hier durfte der Rand nicht angeschnitten werden. Aber schlimmer noch war das mit dem Bier. „Austrinken könnt ihr, aber vull muss wieder sein", verlangten die Luttchen. Da sagten die Bauern zueinander: „Weiß du was, *my b'źomy nutř nascać*" und taten es ... So bei Schulenburg (25, S. 259 – Schreibung wie Autor) Bei Sieber sagten sie: „Dann werden wir sie *vull seechen.*" (31, S. 29) Selten aber waren die Lutki so rachsüchtig, wie in Weißenberg. Dort riefen sie dem Bauern hinterher: „Der Teufel hat dich klug gemacht. Hüte dich, dass wir nicht an dir tun, was du an unserem Kuchen getan hast!" Nach Jahren fand man einen Leichnam am Stromberg, dessen Brust aufgeschlitzt und das Herz herausgerissen war. Es war der besagte Bauer. (8, Nr. 34)

In der Oberlausitz hatten die Geschenke schwereres Gewicht. Bei Löbau waren die kleinen Leutchen beim Kegeln, als zwei Burschen vorüber kamen. Sie luden sie freundlich ein, mitzukegeln und so vertrieb man sich die Zeit bis spät in die Nacht. Als die beiden Löbauer heimkehren wollten, schenkten die Zwerge jedem eine Kugel. Die war groß und schwer. Einer war des Tragens bald müde und warf sie ins Gebüsch. Der andere trug sie nach Hause, da fand sich's, dass sie ganz aus Gold war. (8, Nr. 29 / 15, Nr. 433, 439)

In Seidau baten die Zwerge einen Musiker zu sich, um für sie aufzuspielen. Als es ums Löhnen ging, nahm eins der Männl ihn mit in den Keller und füllte ihm die Mütze mit Kohlen. Zu Hause angekommen, öffnete die Frau nicht gleich das Haus, sodass er verärgert die Kohlen in die Jauchegrube warf. Am nächsten Morgen entdeckt er am Rand der Mütze ein kleines Stückchen Gold. Nun durchsuchte er die ganze Jauchegrube, aber es war kein Gold mehr zu finden. (4, Nr. 72)

Ein Mädchen aus Zoblitz hütete ihr Vieh in der Görlitzer Heide, als ein kleines Weiblein hinter ihr auftauchte und sprach: „Schönes Kind, kämme mich und lause mich, ich will dir ein schönes Geschenk geben." Das Mädchen kämmte und lauste das Weiblein, bis es Abend geworden. Da sprang sie schnell auf, um ihr Vieh heimzutreiben, ohne an das versprochene Geschenk zu denken. Das kleine Weiblein aber kam ihr nachgelaufen und schüttete ihr eine ganze Menge Blätter in die Schürze. Das arme Mädchen nahm sie zwar eine Strecke mit, schüttete sie dann aber in ihrer Eile aus. Nur ein Blatt war am Schürzenband hängen geblieben. Als sie die Schürze zu Hause abband, fiel ihr ein blankes Goldstück vor die Füße. Da bemerkte sie erst, welchen Schatz sie weggeworfen hatte. (4, Nr. 106)

Bei Kubschütz gibt es eine Anhöhe, die der Volksmund *Scipata Marata* nennt. Dort wohnte das Buschweiblein *Marata*. Auch sie backte Kuchen, den man nicht anschneiden durfte, und auch sie ließ sich von den Mädchen das Haar kämmen und flöhen. Auch sie verschenkte gelbe [Birken-]Blätter, die achtlos weggeworfen wurden, aber doch eigentlich zu Gold werden sollten. Die Kubschützer haben die *Marata* als Skulptur nebst einer Bank wieder in ihr Dorf geholt. (36)

Das Spinnen und Weben war eine Domäne der Frauen. Daher ranken sich viele Sagen um diese Arbeit, und immer sind sie mit dem Wunsch verbunden, der Faden möge nie zu Ende gehen. Aber wie so häufig, machen Neugier und Ungeduld dem Glück ein Ende.

Das Geschenk des Holzweibleins

Eine Frau hatte einst die Gunst des Holzweibleins erworben. Das gab ihr einen Knaul Zwirn zum Geschenk. „Wickle davon," so sprach das Weiblein, „solange du willst. Der Faden wird nie aufhören. Aber hüte dich nachzuforschen, ob er ein Ende hat." Also hatte die Frau einen Knaul und strickte davon und der Faden hörte nimmer auf. Aber sie war eine gar neugierige Frau, und einmal machte sie den Knaul doch auf und guckte hinein, ob sie kein Ende sehe. Da sprang auf einmal das Ende heraus und der Knaul dauerte nur noch bis zu diesem. Das hatte sie von ihrer Neugier.

Eine andere Frau bekam von dem Holzweiblein für ihre Dienste eine Spille voll Garn geschenkt. Nach Hause gekommen, begann sie sogleich, das Garn abzuweisen*. Als sie nun eine Strähne und dann noch eine und dann eine dritte abgeweist hatte, rief sie ungeduldig: „Der Donner, das hat auch gar kein Ende!" Im Nu war das Ende da. (8, Nr. 40)

Mit den Holzweiblein, Waldweiblein oder ihrem männlichen Pendent überlagern sich allerdings schon wieder verschiedene Sagen-Linien, die uns zu den Wald- und Feldgeistern vorchristlicher Mythologie zurückführen. Verfolgen wir diese Linien, gelangen wir unversehens ins Reich der Faune und Feen – zum Beispiel auch zu unserer allbekannten Frau Holle.

Doch das ist nun wirklich eine andere Geschichte.

Die Unnaärdschen – Verstorbene, Schatzwächter, Bergleute???

Irgendwo müssen die Lutki und ihre Verwandten die vielen Schätze ja wohl hergezaubert haben. Stimmt es, dass sie viele davon in der Erde gesammelt und bewacht haben? So wie sie es auch mit dem Schatz des Wendenkönigs bei Weißagk und bei Graustein getan haben sollen?

Machen wir einen Exkurs: In der deutschen Volksdichtung mit ihren keltischen Wurzelfasern begegnen wir den im Berg wohnenden, Erz fördernden, (Kunst) schmiedenden Zwergen (wie Alberich) und den das Geschäft des Spinnen und Webens betreibenden Elben oder Feen. Die tiefen undurchdringlichen Wälder jener Zeit ebenso wie das Unterirdische bargen etwas Geheimnisvolles. Das Unterirdische gehört mythologisch zum Totenreich, die Schätze stecken in den Gräbern, es sind Grabbeigaben, und die Toten sind die Unterirdischen, die *Unnaärdschen*, die Zwerge oder Erdmännlein. (27, S. 170 / 5, S. 780 ff.) Zum keltischen Samhain (1. November) gedenkt man nicht nur der Toten der eigenen Familie. Auch die Bewohner des sogenannten „kleinen Volkes", die Elfen, verlassen an diesem Tag vermeintlich ihre Hügel und treiben sich unter den Menschen herum. Für die sagenhaften irischen *Túatha Dé Danann* ist Samhain ein Freudentag, denn dann können sie ihre Feenhügel verlassen, in die sie einst von den *Milesiern* verbannt worden waren. (34, S. 93) Auch hier wird die Verbindung zu einem besiegten, verbannten Volk hergestellt.

Eine ganz andere Verbindung entsteht zu den tatsächlichen „Schätzen" im Berg, als die Menschen begannen, Erz zu fördern und zu verarbeiten. Einmal durften die Bergleute nicht von großer Statur sein, um in die schmalen Schächte zu kriechen, aber sie mussten trotzdem zäh und kräftig sein. Zum anderen bot es sich an, das geförderte Erz möglichst gleich an Ort und Stelle zu verarbeiten. Daher also die Schmiede im Berg. Bekannt sind auch die Erzählungen von den kleinen Venezianern, die besonders im Harz, im Fichtelgebirge oder im Erzgebirge gesehen worden sein sollen. Sie kamen alljährlich an genau bestimmte Orte. Die Berge haben sich vor ihnen aufgetan, sie seien hineingegangen und reich beladen zurückgekehrt. (12, S. 154, 155 / 28, S. 25 ff.) So erzählt es sich dann von Mund zu Mund.

Groß ist die Zahl der Schatz-Sagen in der Lausitz, doch bemerkenswert ist, dass kaum ein Mensch die Schätze erfolgreich bergen und nutzen konnte.

Zu den bekanntesten Sagen gehört die von der „Blauen Blume im Koschenberg": Ein Schäfer hütete seine Herde am Fuße des Koschenberges. Dunkel konnte er sich an Erzählungen der Alten von der Blauen Blume erinnern, als sein Hütehund eines Tages mit der wundersamen Pflanze im Maul vor ihm stand. Kaum hatte er die Blume in den Händen, tat sich der Berg vor ihm auf und gewährte den Blick auf einen unermesslichen Schatz. Gierig stopfte sich der Schäfer die Taschen voller Gold, raffte, was er tragen konnte. Eilig lief er hinaus, um seinen Fund bei Lichte zu betrachten. Die Zwerge, die den Schatz bewachten, riefen ihm noch aus dem Berg hinterher: ‚Vergiss dein Bestes nicht!' Erst draußen bemerkte er, dass er die Blaue Blume drinnen vergessen hatte. Schnell kehrte er um, doch zu spät. Der Berg hatte sich schon wieder verschlossen – die Schlüsselblume blieb darinnen. Als er zurück kam, um seinen Schatz zu betrachten, war dieser bereits zu Stein geworden. Der Koschenberg am Senftenberger See ist heute ein tiefes Loch, sein Schatz liegt inzwischen als Grauwacke unter ungezählten Kilometern Straßen und Schienen. Doch das wusste das Echo noch nicht.

Von dieser Sage gibt es reichliche Varianten: In einer hat eine Frau sogar ihr Kind im Berg vergessen, als sie sich die Taschen voller Edelsteine steckte. Auch ihr hat der Schatz kein Glück gebracht. Am Koschützer Berg (Dresden?) sollte der Schäfer von drei Blumen zwei pflücken, aber die Wunderblume sollte er dabei stehen lassen. Es geschah das Unvermeidliche: Er pflückte die falsche Blume – und der Schatz im Berg blieb ihm verschlossen. (31, S. 31)

Bei Forst graste ein Mädchen in einem Grund mit der Sichel. Da wickelte sich fortwährend ein feiner, seidener Faden um ihre Hände. Mehrer Male zerschnitt sie denselben, doch immer wieder wickelt er sich aufs Neue auf. Da zerriss das Mädchen im Ärger den Faden und sprach: „Verfluchtes Ding!" Alsbald hörte es ein lautes Poltern im Inneren der Erde. Das rührte von dem Schatz der Lutki her, wie ihr später jemand erklärte. Der hatte sich an dem Faden in die Höhe gewunden und war schon ganz weit oben. Doch bei ihren Worten ist er mit lautem Geräusch wieder in die Tiefe gesunken. (35, XVII, Nr. 76)

Ähnlich erging es einem Bauern aus Auras, der beim Pflügen auf eine eisernen Kiste stieß. Die drei kleinen Männchen in ihrer altmodischen Kleidung, die den Schatz bewachten, rieten, er solle seinen Knecht holen, denn die Kiste sei zu schwer, aber sie dürften kein Wort sprechen dabei. Als die beiden Männer die Kiste anhoben, entschlüpfte dem Knecht: „Das ist aber verdammt schwer!" Sofort entglitt die Kiste ihren Händen und versank wieder in der Erde. (35, XVII, Nr. 76; XXXV, Nr. 139)

Ein Mann bei Forst wurde von einem Lutk drei Mal aufgefordert, mitzukommen, bevor er sich endlich entschloss, ihm zu folgen. Der Lutk führte ihn auf ein Feld zu einem wilden Birnbaum und wies ihn an, dort ein Loch zu graben, aber sich nicht umzusehen, was auch immer er höre und was auch immer geschehe. Doch plötzlich vernahm er einen hellen Schein und glaubte, sein Dorf brenne lichterloh. Da drehte er sich erschreckt um. Unter ihm entstand ein lautes Brausen und Poltern. Der Lutk verschwand, das Loch war verschüttet – und der Feuerschein war auch nicht mehr da. Später erklärte ihm ein alter Mann, dass er den Schatz der Lutki hatte heben sollen, ihn aber durch seine Unachtsamkeit wieder verloren habe. (35, XVII, Nr. 77)

Auf dem *Sanak*, einer Wiese bei Weißagk (Vetschau) war das Gold des Spreewaldkönigs begraben. Die Luttchen, die den Schatz bewachten, gaben einer Frau aus Weißagk, der sie zu Dank verpflichtet waren, den Tipp, wenn das Gold „wieder einmal brennt", sich eine tüchtige Schaufel davon zu holen, sie würden es ihr nicht verwehren. Das ließ sie sich nicht zweimal sagen. Nacht für Nacht passte sie auf. Kurz vor Johanni sah sie in einer Neumondnacht bläuliche Flammen an der Mitternachtsseite des *Sanak* spielen. Rasch lief sie hin, hob von der glühenden Masse inmitten der Flammen eine Schaufel voll heraus und trug sie nach Hause. Dort erfuhr sie jedoch eine herbe Enttäuschung. Was sie für Gold gehalten hatte, war bei Lichte besehen nichts als glühende Kohlen. Ärgerlich schüttete sie diese in den Herd und sagte sich: „Hab ich auch kein Glück gehabt, so hab ich wenigstens morgen ein Leichtes beim Feuer anfachen". Wie groß war indes ihr Erstaunen, als sie am Morgen den Herd mit Gold überschüttet fand. (33, S. 53)

Beim Grundlegen eines Hauses in Weigsdorf fand man vor einigen Jahren einen großen, schönen, braun glasierten Krug mit blauen Blumen drauf. Darin lagen vier-, sechs-, acht- und neueneckige Silber- und Goldmünzen. Man erzählt, dass dieser Krug mit dem Geld von den Lutki früher dort vergraben worden sei. (35, XVII, Nr. 53)

Die letzte Geschichte scheint von allen die glaubwürdigste zu sein, führt sie uns doch an den Anfang unseres Kapitels zurück. Zu den Hinterlassenschaften unserer *Vorherschen* gehören eine ganze Menge Grabbeigaben, mit denen es sich die Verstorbenen im Totenreich gut gehen lassen sollten. So lässt uns Wilibald von Schulenburg unter dem Eindruck seiner Mitwirkung an der Ausgrabung eines germanischen Gräberfeldes auf dem *Musching* bei Müschen teilhaben an seiner Interpretation, wie es damals gewesen sein könnte: „Mächtige Holzstöße lohten auf steinernem Grund, und mit Gesang umgingen sie im Reigen die Gluten. Waren die Knochen gebleicht, so wurden sie sorgfältig in die Urnen gepackt, auch Andenken des Verstorbenen und was notwendig war für die Reise ins Jenseits, wurde dem Grabhügel beigefügt." Dann wurden die Urnen beigesetzt und ein Totenmahl gehalten. (26, S. 7)

Heimliche Helfer und verschmähte Kleider

Viele Sage berichten über die kleinen heimlichen Helfer im Haus, die des Nachts kamen und ihr Werk verrichtet. Meist reichte ihnen ein auskömmliches Essen als Lohn. Mag bei mancher Erzählung vielleicht auch der Wunsch der Vater des Gedanken gewesen sein?

In Senftenberg befand sich eine Schmiede, welche man die *Koboldschmiede* nannte. Sie hat davon ihren Namen, dass in derselben früher Lutki ihr Wesen getrieben haben sollen. Wenn nämlich der Schmied eine Arbeit angefangen und sie am Abend unvollendet hatte liegen lassen, so war stets dieselbe am Morgen fertig. Der Schmied wollte gern wissen, wer seine nächtlichen Helfer seien. Deshalb stellte er sich in einer Nacht hinter der Türe auf, welche zur Schmiede führte, und lugte durch das Fenster. Da sah er zwölf Lutki, welche sich an die Arbeit machten und so drauflosschlugen, dass das Werk in kurzer Zeit fertig war. Die Lutki waren nackt, das dauerte den Schmied. Er ließ deshalb zwölf Anzüge fertigen und sie den Lutki hinlegen. Allein er fand am anderen Morgen die Anzüge unberührt, die Lutki aber haben sich in der Schmiede nie wieder gezeigt. (35, XVII, Nr. 50)

Lutki-Schmiede

In Lahmo hat ein Besitzer auf Domschens Gut die Erdleute zu allerletzt gehabt. Wenn die Bauersleute aßen, ließen sie in ihren Näpfen und Schüsseln für die Erdleute stets etwas übrig, die es auch regelmäßig verzehrten. Die Erdleute waren klein und gingen nackend. Sie verrichteten in dem Hause ihres Wirts alle Arbeiten. Sie kehrten die Stube aus, wuschen das Geschirr ab, fütterten das Vieh, putzten die Pferde. Sie waren nur ihrer zwei, ein Mann und eine Frau. Dem Bauer und der Bäuerin tat es leid, dass die Erdleute nackend gehen mussten, und da diese ihnen fortdauernd die Arbeiten verrichteten, wollten sie sich ihnen dankbar erweisen. Sie ließen daher der Frau ein Kleidchen und dem Mann Höschen und Röckchen beim Schneider machen und legten ihnen die Sachen hin. Als die Erdleute die Kleider sahen, wurden sie betrübt und sagten: „Nun haben wir unseren Lohn, jetzt können wir auswandern." Sie wanderten auch aus und dabei weinten sie immer die Dorfstraße entlang. (2, Nr. 118)

In Weigsdorf half ein Buschweiblein der Bäuerin im Haus und beim Spinnen. Die Bäuerin wollte dem Weiblein eine Freude machen und schenkte ihr ein Kleid aus selbst gewebtem Leinen. Da verschwand das Buschweiblein traurig. (4, Nr. 34)

Bei einem Bauern in Steinsdorf bei Neuzelle habe zwei *Jülchen* gewohnt, ein Mann und eine Frau. Sie wohnten in der Küche unter dem Feuerloch. Wenn viel Arbeit war, liefen alle früh aufs Feld. Die Bauersfrau kam mittags schnell zurück, um Essen zu kochen. Doch wenn sie heim kam, war alles schon fertig und stand auf dem Tisch. Ein andermal ging sie zeitiger los, weil sie sehen wollte, was da geschah. Da sah sie gerade noch, wie die Jülchen die Schüsseln und Teller auf den Tisch stellten. Sie liefen zwar schnell davon, doch die Frau sah noch, dass ihre Kleider ganz schäbig und zerrissen waren. Das tat der Bäuerin leid und sie ließ beim Schneider neue Sachen machen, die sie den Jülchen hinlegte. Als sie am nächsten Mittag in Haus kam, standen die beiden Jülchen im Flur und weinten bitterlich. Erschrocken fragte die Bäuerin, was ihnen den zu Leide getan worden sei. Da wiesen sie auf die neuen Kleider und sagten, das wäre ihr Abschied und nun müssten sie fort. (2, Nr. 119)

Auch die Köchin aus Vetschau, vor der weiter oben schon die Rede war, erlebte Ähnliches: Der Lutk, der sie zur Taufe geholt hatte, besuchte sie regelmäßig, um von ihr etwas über die Menschen zu erfahren. Die Köchin setzte ihm eine Schüssel Hirse vor und erzählte. Dann aber dachte sie an ihr Patenkind und wollte ihm nach geraumer Zeit eine Freude machen. Sie nähte ihm ein Käppchen und ein Röckchen. Das legte sie neben die Schüssel für den Lutk. Als der kam und es sah, lachte er nur höhnisch und sagte: „Genug geschenkt und doch nicht genug geschenkt." Darauf verschwand er und kam nie wieder. (33)

Unsere alten Sagensammler haben vieles interpretiert. Hier überlassen sie uns unseren eigenen Gedanken. Entsprach diese Ablehnung der neuen, besseren Kleider einer Angst unserer *Vorherschen*, von der Kultur der Neusiedler vereinnahmt zu werden? Auch hier lassen wir eine Hypothese im Raum stehen.

Andererseits: Was die kleinen Helferlein betrifft, ist es ähnlich wie bei den „verzauberten Geschenken". Unser Echo von den *Vorherschen* trifft auf das Echo der alten Wald- und Feldkulte. Aus den Waldgeistern wurden Hausgeister. Sie zogen in die Wohnungen der von ihnen erwählten Menschen und verrichtete dort treue Dienste. (14, S. 38)

Von Wechselbälgern und Tarnkappen

Die Lutki waren den Menschen nicht geheuer. Obwohl so viel von ihrer Freundlichkeit und Freigiebigkeit überliefert wurde, traute man ihnen ob ihrer übernatürlichen Zauberkräfte auch Böses zu.

Weit verbreitet war der Glaube, die Lutki würden den Frauen, die ihr Neugeborenes mit aufs Feld zur Arbeit nahmen, dieses wegnehmen und es gegen ein fremdes, missratenes eintauschen. Solches nannte man dann *Wechselbalg*.

So soll es einer Vogtsfrau bei Säritz ergangen sein, die mit noch mehreren anderen Weibern zur Wiese gegangen war, um Heu zu machen. Ihr Kind hatte sie mitgenommen und am Rand auf einem Heuhaufen auf eine Tuch gelegt. Als die Weiber eine Weile geharkt hatten, hörten sie auf einmal eine zarte Stimme rufen: „Nimm hoch das Wickelkind, du stößt an den Dorant." Die Frauen sahen auf und sahen, wie die Lutki etwas Schweres wegtrugen. Und als sie zu dem Heuhaufen kamen, lag dort ein Wechselbalg darauf. (35, XVII, Nr. 67) Auch Schulenburg und andere berichten von solchen Begebenheiten. Es hieß, dass die Kinder nach der Taufe nicht mehr zu vertauschen gingen, deshalb mussten die Kleinen ganz schnell getauft werden.

Hier wird der Dorant erwähnt, er ist eine der mittelalterlichen Zauberpflanzen, mit denen man glaubte, sich vor Hexen und unfreundlichen Geistern schützen zu können. Deshalb sollte man ihn Wickelkindern in die Wiege legen, über die Stalltür hängen, aufs Butterfass legen, im Haus verräuchern oder ihn als Hebamme während der Geburt bei sich tragen. Es hieß: Vor Dost und Dorant fliehen Wichtel und Nixen.

In Alt Zauche wurde einer Frau von den Lutki auch ein Wechselbalg untergeschoben. Das Kind konnte nicht sprechen und lernte nicht gehen. Es blieb immer in der Wiege liegen und die Leute mussten es füttern. Doch wenn die Leute vom Feld heim kamen, war immer das beste Essen verschwunden. Eines Tages kochte die Frau das Fleisch fürs Mittagessen, stellte den Topf auf den Herd und tat so, als ginge sie wieder aufs Feld. Doch sie versteckte sich und sah bald, wie das Kind aus der Wiege aufstand, zum Herd und zum Fleischtopf ging. Am nächsten Tag kochte die Frau Leder und versteckte sich wieder. Der Wechselbalg stieg wieder aus der Wiege, ging zum Herd und griff in den Topf. Da sagte er: „Ah, heute gibt's Schuhsohlen." (35, XVII, Nr. 68)

Einst gingen die Schulkinder aus einem Dorfe, nicht weit von Peitz, nach Hause. Einige wohnten etwas entfernter vom Dorf. So kam es, dass die Kinder bei einem Feld vorüber kamen, auf welchem Mohrrüben standen. Da sahen sie plötzlich einen Lutk, welcher Rüben herauszog. Die meisten Kinder liefen erschrocken weg, aber ein Knabe blieb und warf Sand nach dem Lutk. Er schalt ihn, dass er sich auf fremdem Felde zu schaffen mache. Sogleich erschienen mehrere Lutki, welche auf den Knabe zuliefen; der aber suchte eilig das Weite. Einer der Lutki, welcher einen Besen hatte, holte ihn dennoch ein und schlug ihn damit. Der Schlag mit dem Besen hatte für den Knaben schlimme Folgen, denn fortan wuchs er nicht mehr und blieb klein wie ein Lutk. (35, XVII, Nr. 62 / 31, S. 30)

Natürlich konnten sich die Menschen in jener Zeit noch nicht erklären, warum und wieso das eine oder andere Kind nicht so war oder wurde, wie die übrigen. Da half es dann, wenn man den Lutki oder anderen geheimnisvollen Wesen die Schuld dafür geben konnte.

Wenn das Tun der Menschen den Lutki nicht gefallen hat, konnten sie sich ebenfalls nachdrücklich bemerkbar machen. Als die Madlower ihre Kirche bauen wollten, ließ der Missionar die Steine an den Wiesenteich fahren, wo er die Kirche errichten lassen wollte. Allein in jeder Nacht wurden die Steine, welche bei Tage herangeschafft worden waren, stets von den Ludki auf einem Wagen mit Ochsen bespannt an die Stelle gefahren, wo die Kirche jetzt steht. Es blieb dem Missionar nichts übrig, als sich dem Willen der Ludki zu fügen und an der betreffenden Stelle den Neubau zu beginnen, welcher dann ohne Störung ausgeführt werden konnte. (35, XVII, Nr. 60 / 29, S. 377)

In der Nähe des Exerzierplatzes in Guben wohnten die *Heinchen*. Am rechten Neißeufer unterhalb des Exerzierplatzes gab es früher viele tiefe Lachen. Manche waren halb zugewachsen. Auf der grünen Rasendecke saßen oft die Heinchen und schaukelten sich. Ein Schiffer aus Guben kam einmal des Nachts die Neiße herauf und hatte wohl auch schon „einen sitzen“. Der sah nun die Heinchen: es waren zwei Lichterchen, die tanzten immer vor ihm her. Bald waren sie hier, bald dort. Da nahm er seine Mütze, warf nach ihnen und sagte: „Euch muss ja gleich der Teufel holen!“ Da waren sie weg und er suchte seine Mütze. (2, Nr. 107)

Ein Mann auf dem Schlossberg bei Burg hatte Erbsen gesät, aber die Schoten wurden alle Tage weniger. Er hörte immer, dass etwas in den Schoten knisterte, aber er sah keinen Menschen. Da wurde er ärgerlich, nahm eines Tages einen Dreschflegel und schlug in die Erbsen hinein; da schlug er einem Luttchen

Das Luttchen spielt Irrlicht

die Nebelkappe ab. Der sprang ein paar Schritte zur Seite, zog sich die Nebelkappe wieder auf den Kopf und war verschwunden. (26, S. 151)

Besonders unsere *Querxe* waren bekannt für ihre Streiche mit den Tarnkappen oder Nebelkappen. Sie konnten sich unsichtbar machen, indem jeder eine Nebelkappe hatte, die sie gewöhnlich aufsetzten, wenn sie in die umliegenden Dörfer gingen, um sich bei den Bauern heimlich Speisen zu holen. Sie konnten aber den Kümmel nicht leiden, deshalb backten die Leute dort immer einige Kümmelkörner mit ins Brot. (8, Nr. 24)

Der Kümmel und auch der Anis sind weitere Abwehrzauber, mit denen man sich die bösen Geister vom Halse halten wollte. In der Schweiz sagten die Zwerge dann: Das Brot ist „gepipt."

Einmal nahmen die Querxe ihre Nebelkappen und begaben sich zu einer Hochzeit, um sich dort satt zu essen. Ein Bauer, der ihre Verabredung belauscht hatte, bat mitzukommen. Sie gaben auch ihm eine Nebelkappe und schärften ihm ein, nur zu essen, nichts mitzunehmen. Wie gesagt, so getan. Alle mischten sich ungesehen unter die Gäste und ließen es sich schmecken. Doch als der Bauer sich satt gegessen hatte, dachte er an seine hungrige Frau und die Kinder daheim. Aber als er ein großes Stück Kuchen in seine Tasche steckt, war auch die Nebelkappe verschwunden und er saß mit seinen verschlissenen Arbeitskleidern unter den Hochzeitsgästen. Nun wussten alle, warum die Speisen so schnell abgenommen hatten. (8, Nr. 25 / 20, Bd 1, S. 52)

Auch in Schönfließ geschah Ähnliches, als die Lutki den Schäferknecht Wilhelm überredeten, mit einer ihrer Nebelkappen mit zu einer Hochzeit zu kommen. Am meisten naschten sie von den Tellern bei Küster und Priester. Doch dann hatte Wilhelm zu viel getrunken und setzte sich mitten auf den Tisch. Da rissen ihm die Unterirdischen die Kappe vom Kopf und verschwanden. Nun sahen ihn die Gäste und verprügelten ihn kräftig. (27, S. 171)

Der Wunsch, sich einmal ordentlich satt essen zu können, scheint hier aus dem Echo nachdrücklich herauszuhören sein.

Die Lutki holen sich eine Wehmutter

Schon eingangs wurde erwähnt, dass die kleinen Völkchen oft bei den Menschen eine Wehmutter, eine Hebamme geholt haben.

So soll es auch der Frau von Heinecken auf dem Schloss Altdöbern ergangen sein: Nachts wurde sie von einem Geräusch geweckt. In der Wand tat sich eine Tapetentür auf, die sie vorher noch nie bemerkt hatte. Ein kleines Männchen trat hervor und winkte ihr mit ängstlicher Gebärde, sie möge ihm folgen, doch sie wollte nicht. Das Männchen kam zum zweiten Male und wirkte noch ängstlicher als zuvor. Frau von Heinecken ging wieder nicht mit. Als das Männchen zum dritten Male kam, sprach es: „Komm schnell, du sollst meiner Frau helfen. Sie ist in Kindsnöten. Bitte komm schnell und hilf."

Da zog sie sich an und folgte ihm. Hinter der Tapetentür erschien ein Gang, in dem sie lange fort gingen, bis sie tief unten im Keller waren. Hier lag auf Moos gebettet eine schöne Zwergenfrau in Kindsnöten. Frau von Heinecken half ihr so gut sie es konnte. Als alles gut vonstatten gegangen war, zog das Männchen einen Ring hervor und sprach: „Dies ist die Belohnung für deine Mühe. Solange der Ring ganz ist, wird das Glück deiner Familie blühen. Solltest du aber den Ring verlieren oder zerbrechen, wird das Glück von Stund an von euch weichen." Das Männchen führte sie zurück zu ihrem Schlafzimmer, wo sie sich wieder hinlegte und schlief.

Am Morgen dachte sie, sie habe geträumt, aber der Ring an ihrem Finger bezeugte das Gegenteil. Sie erzählte ihrem Mann die Begebenheit. Der hatte noch nie einen solchen Ring in seiner Familie gesehen. Sie suchten die Tapetentür – vergeblich. Sie fanden auch keinen Gang im Keller. Frau von Heinecken trug den Ring an ihrem Finger und der Familie ging es gut. Aber als sie alt geworden war, ist der Ring zerbrochen. Von dieser Zeit an ging es mit den Vermögensverhältnissen der Familie abwärts. (Diese Sage fehlt in fast keiner Sammlung, sodass wir hier nur auf eine der ältesten Quellen verweisen möchten: 35, XVII, Nr. 64)

Die Lutki oder die Vorherschen hatten offensichtlich ein großes Vertrauen in die Heilkünste der zugezogenen Menschen. Wiederholt tritt ein Element der Ring-Sagen auf. Auch hier verleiht der Ring als Dank Wohlstand, solange er da ist.

Bemerkenswert ist aber andererseits, dass die Frau von Heinecken gar nicht aus dem Echo der Vergangenheit entstammen kann. Dazu ist sie viel zu jung! Carl Heinrich von Heinecken, der Begründer des Dresdner Kupferstichkabinetts und Vertraute von Brühl zog sich nach den Querelen am Sächsischen Hof ab 1750 nach Altdöbern zurück, wo er 1791 verstarb. Seine Frau war Friederike Magdalena (1721–1790), die einzigen Tochter des wohlhabenden Küchenmeisters und kurfürstlich-sächsischen Hofkoches Johann Jakob Nöller.

Hänsel und Schneewittchen

In Kalkwitz lebte einst eine arme Witwe mit ihren beiden Kindern, einem Sohn und einer Tochter. Eines Tages gingen die Kinder in den Wald, um Beeren zu sammeln, doch als es Abend wurde, hatten sie sich verlaufen. Da sprach das Mädchen zu ihrem Bruder: „Klettere auf einen Baum und sieh, ob du irgendwo ein Licht erblickst." Der Knabe tat es und rief von oben: „In der Ferne sehe ich ein Licht. Aber es ist zu weit weg. Lass uns morgen in diese Richtung gehen."

Anderen Tags gingen die Kinder in die Richtung, in der sie den Lichtschein gesehen hatten. Endlich kamen sie an ein Häuschen. Sie traten durch die Tür und fanden eine kleine Küche; auf dem Herd brannte das Feuer noch ein wenig. Darauf gingen sie in die Stube, dort stand ein langer Tisch, worauf dreizehn Tellerchen und dreizehn kleine Becher standen. Auch waren dreizehn kleine Betten dort. Die Kinder besahen sich alles. Da sprach das Mädchen: „Gehe du in den Hof und hacke Holz, ich werde unterdessen die Betten machen, die Stube auskehren und Mittag kochen." So taten sie es.

Gegen Mittag hörten die Kinder auf einmal viele Stimmen und versteckten sich hinter dem Herd. Da traten auf einmal dreizehn Lutki zur Tür herein, einer war etwas größer als die anderen, das war ihr Oberster. Als die Lutki sich umsahen, sprachen sie: „Wer hat uns unsere Betten gemacht? Wer hat uns unseren Tisch gedeckt, unsere Stube gekehrt und unser Mittagessen gekocht?" Sie suchten solange, bis sie die Kinder fanden. Der Oberste bat sie, hervor zu kommen und zu erzählen, wie sie hier her gekommen seien. Sie erzählten alles, was sich zugetragen hatte. Da sagten die Lutki: „Bleibt doch bei uns, das Mädchen soll uns das Hauswesen besorgen." Die Kinder waren einverstanden.

Die Lutki gingen tagtäglich in ein Bergwerk und die Kinder besorgten das Haus. Es gefiel ihnen recht gut. Schon waren sie etliche Wochen dort, als eine Kutsche vor dem Häuschen hielt und ein fremder Herr ausstieg. Der sprach zu dem Mädchen: „Komm mit in die Stadt, du sollst dort dein Glück machen." Das Mädchen wollte aber nicht. Da wurde der Mann böse und stach dem Mädchen eine Nadel in den Kopf, worauf dasselbe umfiel und sich nicht mehr rührte.

Mittags kamen die Lutki nach Hause und fanden das Mädchen tot auf der Erde liegen. Sie wandten alle erdenkliche Mühe an, aber das Mädchen war tot. Nun wollten sie es begraben. Sie hatten im Haus mehrere tönerne Gefäße, in denen sie das Mädchen bestatten wollten. Aber alle waren zu klein. Da zimmerten sie einen Sarg. Die einen bearbeiteten das Holz, die anderen wollten das Mädchen herrichten. Dabei kämmte einer ihr goldenes Haar und stieß an die große Nadel, dass sie sogleich heraussprang. Da schlug das Mädchen die Augen auf und alle waren froh.

Eindringlich sagte der Oberste der Ludki den Kindern, dass sie keinen Fremden einlassen dürften, wenn sie allein wären. Das versprachen die Kinder.

Nach ein paar Tagen kam eine alte Frau, klopfte ans Fenster und sagte, sie habe Äpfel zu verkaufen. Aber das Mädchen sprach: „Nein, wir machen nicht auf, wir brauchen nichts." Doch die Frau ging nicht fort sonder sprach: „Wenn du nichts kaufen willst, so will ich dir einen schönen Apfel schenken. Mach nur das Fenster auf." Das tat das Mädchen. Die Frau nahm einen Apfel und sprach sogleich: „Beiß ab!" Kaum hatte das Mädchen in den Apfel gebissen, fiel es tot um. Der Bruder weinte bitterlich und rief nach den Lutki. Die kamen nach einer Weile zur Mittagspause und fanden das Mädchen tot auf dem Boden. Der Knabe erzählte ihnen, was geschehen war. Da öffnete der Oberste dem Mädchen den Mund und siehe da, ein Stück vom Apfel war noch drin. Flugs nahm er es heraus und das Mädchen wurde wieder lebendig.

Die Lutki hielten nun Rat und bestimmten, es sollten immer ihrer sechs im Haus bleiben, während die anderen ins Bergwerk gingen. So geschah es und sie lebten lange glücklich, ohne das etwas Böses geschah. Eines Tages fragte der Oberste der Lutki das Mädchen, ob es ihn zum Mann haben wollte. Da sagte das Mädchen „Ja." Aber ihr Bruder sprach: „Wir wollen doch unsere Mutter auch herholen und dann Hochzeit machen." Damit waren alle einverstanden.

Die Geschwister machten sich zusammen mit den Lutki auf den Weg. Am Rande des Waldes blieben die Lutki stehen und sprachen zu den beiden: „Holt nun eure Mutter her, wir werden solange warten, bis ihr wiederkommt." Den anderen Tag kamen die beiden endlich bei ihrer Mutter an, die in große Freude ausbrach, denn sie hatte geglaubt, die Kinder seien umgekommen. Sie erzählten ihr, wie es ihnen ergangen war und dass das Mädchen den Obersten der Lutki heiraten wolle. Die Mutter freute sich sehr. Darauf gingen alle drei zum Waldrand, wo die Lutki gewartet hatten. Alle zusammen eilten nun zurück zu dem kleinen Lutki-Haus. Am dritten Tag wurde Hochzeit gefeiert und alle lebten fortan glücklich zusammen. (35, XVII, Nr. 63, leicht gekürzt)

So oder ähnlich werden an verschiedenen Stellen Hochzeiten zwischen den Lutki und den Menschen beschrieben, und meistens sind es schöne weibliche Menschenkinder, die einen Lutki-König oder Zwergen-König geheiratet haben.

Hier allerdings beginnt das Reich der Märchen und unser Echo aus der Vergangenheit verhallt allmählich.

Fazit

Ich möchte an dieser Stelle den Versuch einer Zusammenfassung vornehmen.

1. Natürlich war es in diesem Exkurs nicht möglich und auch nicht beabsichtigt, ALLE Lutki-Sagen neben all den guten vorhandenen Sammlungen noch einmal zu sammeln. Mein Ziel war es, dem Phänomen der Lutki-Sagen und dem ihrer Verwandten und Nachbarn auf die Spur zu kommen, dem, was sie uns in all der schillernden Vielfalt der örtlichen Facetten zu vermitteln haben.
Bei meinen Überlegungen zum Konzept dieses Büchleins kam ich eines Nachts auf die Idee, den Roten Faden als *Echo der Vergangenheit* zu bezeichnen. Doch meinen Stolz auf diese Idee musste ich alsbald nach meinen Recherchen aufgeben, denn Jacob Grimm hat in der *Deutschen Mythologie* vor fast 200 Jahren diesen Echo-Gedanken bereits entworfen gehabt. Ich habe ihn aber gern beibehalten, weil er genau das ausdrückt, was uns diese Sagen meines Erachtens zu berichten haben. Allerdings bleibt dabei zu beachten, dass es sich nicht um EIN Echo aus der Vergangenheit handelt, sondern dass wir in unserem Exkurs auf das ineinander Verweben und Überlagern verschiedener Echos gestoßen sind.

2. In der Literatur wird unter anderem die Auffassung vertreten, dass der Name *Lutki* nicht vom wendischen *lud* = das Volk hergeleitet werden könne (Černy, Nedo). Danach gäbe es vielmehr eine linguistische Verwandtschaft zum polnischen *lątka* oder dem tschechischen *loutka* = Puppe. Auch eine Verwandtschaft zum Gartenzwerg wird nicht ausgeschlossen.
Diese Auffassung teile ich mit Entschiedenheit nicht. Nach meiner Auffassung handelt es sich bei den Lutki-Sagen keinesfalls um „Puppenstubengeschichten".
In diesen Sagen werden uns, mythologisch überlagert, *soziale* Beziehungen, Bindungen und Konflikte mit einem Echo aus der Vergangenheit vermittelt, welches uns *Völker* und *Stämme* – und nicht „Puppen" – überliefert haben. Davon haben mich insbesondere Gander, Grimm, Preusker, Schulenburg, Sieber und Veckenstedt überzeugt.

3. Zu diskutieren wäre, in wie weit die Lutki-Sagen ein Alleinstellungsmerkmal der sorbischen/wendischen Sagenwelt darstellen. Meine Schlussfolgerung lautet: Eher nein. Grohmann meint Bezug nehmend auf den Böhmischen Raum, dass diese Art der Sagen nur dort auftritt, wo es deutsche Bevölkerung gegeben habe, dass aber in der slawischen Sagenwelt diese Gestalten fehlen. Ich habe bei meinen, zugegeben unvollständigen Recherchen im osteuropäischen Sagenumfeld eben-

falls keine Beispiele gefunden, allerdings ist das überlagerte mythologische Echo der Wald- und Feldgeister dort um so reichlicher vorhanden. Insbesondere dort, wo den Lutki und ihren Verwandten magische Kräfte, große Schätze, Verwandlung und Zauberei nachgesagt werden, wird diese Überlagerung deutlich. So verschenken der russische Waldmann *ljeschi* und seine Frau *lisunka* ebenfalls Kohlen oder Blätter, die zu Gold werden. Auch von den tschechischen Waldmännern *lešni mužowé* und Waldfrauen *divé ženy* wird ähnliches berichtet. (14, S. 146 f.) Sie verbergen sich in Baum, Strauch und Halm, wirken als Wirbelwind, werden zu helfenden Hausgeistern oder rauben Kinder. Sie weisen zurück zu alten Naturgöttern. Das Echo eines alten Volkes verkörpern sie – mit Verlaub – nicht.
Friedrich Sieber wieder meint, dass die *Lutki* mit ihren Urnen und Knöchelchen auf einen alten wendischen Totenglauben zurückzuführen seien, während die schatzhütenden *Querxe* als Berggeister eher deutschen Ursprungs sind. (30, S. 14, 50 ff.) Einen solchen Totenglauben hat es aber auch unter germanischen Stämmen gegeben und er führt in jedem Fall in die vorchristliche Zeit zurück.
Mir scheint der Verweis unserer Sammler aus dem 19./20. Jahrhundert plausibel zu sein, dass es sich um ein Echo der Völkerwanderung und später folgender Rückwanderungen gehandelt haben könnte. Damit stehen die slawischen Einwanderer ebenso wie ihre germanischen *Vorherschen* im Zentrum der Überlieferung – und das nicht nur in den beiden Lausitzen. Die Sagen dokumentieren auf ihre besondere Weise, dass das Gebiet des heutigen Deutschlands schon seit zweitausend Jahren ein Schmelztiegel der Kulturen gewesen ist. – Und dass unser kultureller Reichtum sehr, sehr viele Wurzeln hat, die es allesamt zu bewahren gilt.

4. Ich bin von Haus aus gelernte Philosophin aus der Schule der Humboldt-Universität, keine Volks- oder Sprachkundlerin. Deshalb will ich mir nicht anmaßen, in die Sagen etwas hineinzudeuten, was ich daraus selbst nicht erkennen kann. Ich habe das herausgelesen, was sich mir mit einem sozialhistorischen Blick erschlossen hat. Ich bin den alten Sammlern gern auf ihren Spuren gefolgt. Und deshalb erlaubte ich mir, mein dialektisch-materialistisches Weltbild, das mir ein Denken in Widersprüchen, Zusammenhängen und Wechselwirkungen ermöglicht, zur Anwendung zu bringen. Ich hoffe, dass meine getroffenen Schlussfolgerungen dahin gehend nachvollziehbar sind.

5. Die Reihe, in der dieses Büchlein erscheint, heißt „Niederlausitzer Sagen". Das war mir mit Bezug auf unser Lutki nicht möglich, einzugrenzen. Das wird schon am Anfang des Buches bei der Begriffsbestimmung deutlich. Doch je mehr ich mich in das Thema eingearbeitet haben, desto weniger hatte ich das Gefühl, dass

es richtig wäre, die Lausitzen in dieser Frage zu trennen. Einmal mehr habe ich gemerkt, das diese Trennung eher eine, wenn auch historische entstandene politische Trennung, denn eine kulturelle ist. Eher hatte ich das Gefühl, dass uns unsere Sagenwelt mehr vereint, als es mancher heute wahrhaben möchte.

6. Bei aller Kontrolle bitte ich um Nachsicht für eventuell verbliebene Druckfehler.

Lutki-Orte

Ich will gemäß den Vorgängerveröffentlichungen nicht unterlassen, auch hier alle Orte zu benennen, in denen ich Lutki-Sagen gefunden habe. Es mögen an manchen Stellen die polnischen Namen verwirren. Es sei an dieser Stelle daran erinnert, dass ein ganzer Teil der Niederlausitz sich heute auf polnischem Territorium befindet. Auch gibt es stellenweise Irritationen, weil es in der Niederlausitz mehre Orte gleichen Namens gab/gibt. Die einen wurden von den Nazis umbenannt, die anderen abgebaggert. Das ist besonders ein Problem bei der Zuordnung zu dem dreimal vorkommenden Weißagk. Aber auch anderen Orten ergeht es ähnlich. Für Fehler in meiner Zuordnung bitte ich deshalb an dieser Stelle um Vergebung. Ich fand Sagen in:
Altdöbern, Alt Zauche, Amtitz (Gębice, Gubin), Auras, Berge (Forst), Bischdorf, Blösa, Boblitz, Bohsdorf, Bomsdorf, Branitz, Briesen, Burg, Byhleguhre, Coschen, Cottbus, Dissen, Dittersbach, Drachhausen, Drebkau, Drieschnitz, Forst, Gabelenz, Gaußig, Gehren, Göllnitz, Gollschow, Gorden, Görsdorf, Graustein, Groß Buckow, Groß Döbbern, Groß Kölzig, Guben, Guhrow, Haasow, Henzendorf, Herzberg, Horno, Jämlitz, Jehserig, Kaden (Luckau), Kalkwitz, Kieckebusch, Kiesewitz, Klein Oßnig, Klinge, Kolkwitz, Königshain, Koine/Koyne, Kosschütz (Dresden), Laasow, Lahmo (Łomy), Lawitz (Neuzelle), Leuthen, Limberg, Löbau, Lübben, Lübbenau, Madlow, Märkisch Buchholz (Wendisch Buchholz), Mattendorf, Müschen, Neukirch, Nieda, Niemaschkleba (Chlebowo, Gubin), Niemitzsch (Polanowice), Niewitz, Ostritz, Oybin, Papitz, Peitz, Preilack, Pulsberg, Prischwitz, Pritzen, Reichersdorf (Grabice), Rohne, Ruben, Sachsdorf (Checiny), Sachsendorf, Sallgast, Schlichow, Schmogrow, Schönau, Schönfließ, Schorbus, Säritz, Seidau, Seitwann (Żytowań), Senftenberg, Sergen, Spitzkunersdorf, Spremberg, Stargardt (Stargard Gubiński), Steinsdorf (Neuzelle), Steinkirchen, Stradow, Straupitz, Strega (Strzegów), Ströbitz, Tauer, Turnow, Tschelln, Trebendorf, Vetschau, Weigsdorf, Weißagk (Vetschau), Weißagk (Forst), Weißagk (Calau), Werben, Zahsow, Zittau, Zoblitz, Zschiegern (Przyborowice)

15. Anhang

Glossar

- **abweisen** (S. 21): Garn von der Spindel abfädeln, abwickeln
- **Melkgelte** (S. 10): Grimm-Wörterbuch (6): f., gelte in welche gemolken wird; ... las uns diesz bier mit schüsseln ausz der melkgelten schöpfen **...**
  Sächsisches Volkswörterbuch (Bergmann 2012): Gefäß, in das gemolken wird, ursprünglich ein Holzgefäß, aus Dauben zusammengefügt und mit Metallbändern zusammengehalten, eine der Dauben zum Griff verlängert und mit einem Loch zum Tragen versehen, später aus Zink oder Weißblech
- **Samhain** (S. 22): 1. November, eines der vier keltischen Jahresfeste; an diesem Tag glaubte man, dass sich die Tür zum Totenreich öffne. Es ist der Beginn der dunklen Jahreszeit, während Beltane am 1. Mai den Sommer einläutet.
- **Schlippermilch** (S. 17): saure, entrahmte Milch; aus unbehandelter Milch gewonnen ein vorzügliches Erfrischungsgetränk, auch zur Weiterverarbeitung zu Quark und Käse genutzt.
- **Töse**, Backtöse (S. 14): Sächsisches Volkswörterbuch (Bergmann 2012): „Back-Dese" = runder Holzbottich zum Zubereiten des Brotteiges; Grammatisch-kritisches Wörterbuch der hochdeutschen Mundart (www.woerterbuchnetz.de): „Dese" = Holzbottich, außer zum Backen auch zum Waschen oder zum Abkühlen des Bieres beim Brauen, im Oberdeutschen „Teuse", niederdeutsch „Döse", „Dese", böhmisch „Dize".
- **reußisches** Vogtland (S. 11): wikipedia: das Fürstenhaus Reuß war ein Herrschergeschlecht im Vogtland. Die thüringische Familie kam im 12. Jahrhundert in das „Sorbenland" an der mittleren und oberen Weißen Elster; sie zersplitterten sich in mehrere Grafschaften und Fürstentümer.
- **Zymbal** (S. 17): Musikinstrument aus einem mit Saiten bespannten Holzbrett; zum Zupfen der Saiten benutzt man kleine harte Plättchen (Tangenten), heute aus Metall.

Quellen

1. Fahlisch, J. F. Paul: Geschichte der Spreewaldstadt Lübbenau, Lübbenau 1877/1928
2. Gander, Karl: Niederlausitzer Volkssagen, Berlin 1894, Neudruck Hildesheim/New York 1977
3. Gebler, Klaus/Steffen, Erhard: Sagenhaftes Burg, Nr. 2/1995
4. Griepentrog, Gisela: Spreesagen, Berlin o. J. ISBN 978-3-8665-232-1
5. Grimm, Jacob: Deutsche Mythologie Bd. I. epub, 1835/2012, Cap. XVII Wichte und Elbe
6. Grimm, Jacob und Wilhelm: Deutsches Wörterbuch 1854–1861, online www.woerterbuchnetz.de

7. Grohmann, Joseph Virgil: Aberglauben und Gebräuche aus Böhmen und Mähren, Prag 1864

8. Haupt, Karl: Sagenbuch der Lausitz, 1862, Neudruck Bautzen 1991

9. Haupt, Leopold / Jan Arnošt Smoler: Volkslieder der Sorben in der Ober- und Niederlausitz, 1841/43, Neudruck Bautzen 1992

10. Ihlo, Richard/Scholze, Wilfried: Aus der Heimat. Forster Sagen und Lebenserinnerungen, Forst 1994

11. Jahn, Ulrich: Volkssagen aus Pommern und Rügen, Berlin 1889, Neudruck Bremen/ Rostock 1999

12. Krenn, Ruth: Der Sagenschatz, Kinderbuchverlag Berlin, 1. Auflage

13. Kuhn, Adalbert/ Schwarz, Wilhelm: Norddeutsche Sagen, Märchen und Gebräuche ..., Leipzig 1848

14. Mannhardt, Wilhelm: Antike Wald- und Feldkulte aus nordeuropäischer Überlieferung erläutert. In: Wald- und Feldkulte, Band 2, Berlin 1905

15. Meiche, Alfred: Sagenbuch des Königreiches Sachsen, Leipzig 1903

16. Müller, Ewald: Das Wendentum in der Niederlausitz, Cottbus 1921, Reprint, Regia Verlag Cottbus o. J.

17. Müller, Peter/Schulze, Harry/Schirmer, Rudi: Von Schätzen, Hollricken und Kobliks, Sagen unserer Heimat – zwischen Spreewald und Elbe, Hrsg. Bezirksvorstand Cottbus des Journalistenverbandes der DDR 1989

18. Nedo, Paul: Grundriss der sorbischen Volksdichtung, Bautzen 1966

19. Peukert, Will-Erich: Schlesische Sagen, München 1924

20. Preusker, Karl: Blicke in die vaterländische Vorzeit; Sitten, Sagen, Bauwerke, Trachten, Geräte zur Erläuterung des öffentlichen und häuslichen Volkslebens im heidnischen Alterthume und christlichen Mittelalter der Sachsen und angrenzender Lande, Bd. 1 1841, Bd. 2 1843, Bd. 3 1844

21. Sagen, Anekdoten und Schnurren aus dem Altkreis Luckau, N.-L., Nachdruck o. J., o. O.

22. Sagenhaftes Sächsisches Burgen- und Heideland, Hrsg.: Tourismusverband „Sächsisches Burgen- und Heideland“ e. V., o. J., mehrere Hefte ohne Nummerierung, hier ein Bezug auf die Ausgabe mit rotem „H“

23. Schneider, Erich: Sagen aus Heide und Spreewald, Bautzen 1987

24. Schneider, Erich: Sagen der Lausitz, Bautzen 1972

25. Schulenburg, Wilibald von: Wendisches Volkstum in Sage, Brauch und Sitte, 1. Aufl. 1882, 2. Aufl. 1934, Neudruck Bautzen 1985

26. Schulenburg, Wilibald von: Wendische Volkssagen und Gebräuche, Cottbus 1930

27. Schulenburg, Wilibald von: Innere Volkskunde. In: Landeskunde der Provinz Brandenburg (Brandenburgische Landeskunde) Bd. II: Die Volkskunde, Berlin 1912

28. Schramm, Rudolf: Sagen aus dem Geraer Land, Bd. II: Das Liebschwitzer Ranzenmännchen, Hrsg.: Kulturbund der DDR, Greiz 1980

29. Schwela, Gotthold: Die Flurnamen des Kreises Cottbus, Berlin 1958

30. Sieber, Friedrich: Natursagen der sächsischen Oberlausitz und ihrer Nachbargebiete, Löbau 1931

31. Sieber, Friedrich: Wendische Sagen, Jena 1925

32. Sorbisches Kulturlexikon, Domowina Verlag 2014

33. Sperling, Dieter: Aus dem Sagen- und Märchenschatz des Kreises Calau, Manuskriptdruck 1992

34. Stühlmeyer, Barbara: Samhain, das offene Tor zur Unterwelt. In: Karfunkel, Heil & Kraut 3/2019

35. Veckenstedt, Edmund: Wendische Sagen, Märchen und abergläubische Gebräuche, Gratz 1880, Reprint Book Renaissance, USA

36. www.gemeinde-kubschuetz.de

Weitere Literatur

- Bergmann, Gunther: Sächsisches Volkswörterbuch, Leipzig 2012
- Gebler, Klaus/Steffen, Erhard: Sagenhaftes Burg, Nr. 1/1994, S. 10
- Liebuch, Georg: Sagen und Bilder aus Muskau und dem Park, Dresden 1885, Reprint 2015
- Luthard, Ernst-Otto: Sagen aus Ostpreußen, Würzburg 2005
- Spurensuche, Projekt des Niedersorbischen Kinder- und Jugendensembles und der Schule für Niedersorbische Sprache und Kultur, Lokale Aktionspläne Cottbus/Spree-Neiße "Toleranz fördern, Kompetenz stärken", Cottbus 2013
- Willkommen, Sagen der Lausitz, Serbske powěsći: Lokale Aktionspläne Cottbus/Spree-Neiße "Toleranz fördern, Kompetenz stärken", Heft mit Malblättern, Cottbus 2014

Bildnachweis

- Nachlass Peter Müller (1935–2013), S. 9, 14, 17, 21, 25, 28, mit freundlicher Genehmigung
- Heimatmuseum Dissen, eigene Fotos mit freundlicher Genehmigung – Titel und S. 39
- Brandenburgisches Landesamt für Denkmalpflege und Archäologisches Landesmuseum (BLDAM): Ausgrabungen im Niederlausitzer Braunkohlenrevier, Arbeitsberichte Nr. 6, S. 59 und Nr. 21, S. 11 und 68 – mit freundlicher Genehmigung – S. 39

Ergänzende Abbildungen

Backtrog und Butterfass im Heimatmuseum Dissen, Gemeinde Dissen-Striesow bei Cottbus

oben: Gefäßfunde in einem Grabungsfeld bei Klein Görigk; rechts: Bronzenadeln aus einer Grabbeigabe (BLDAM)

Funde aus einer germanischen Feinschmiede bei Jänschwalde (BLDAM)